DÓNDE VIVEN LOS ANIMALES

Por qué algunos animales viven en cuevas

Valerie J. Weber

Consultora de lectura:

Susan Nations, M.Ed., *autora/tutora de lectoescritura/consultora de desarrollo de lectoescritura*

Consultora de ciencias y contenido:

Debra Voege, M.A., *maestra de recursos curriculares de ciencias*

WEEKLY READER®
PUBLISHING

Please visit our web site at www.garethstevens.com.
For a free color catalog describing our list of high-quality books, call 1-800-542-2595 (USA) or 1-800-387-3178 (Canada). Our fax: 1-877-542-2596

Library of Congress Cataloging-in-Publication Data available upon request from publisher.

ISBN-10: 0-8368-8808-1 ISBN-13: 978-0-8368-8808-9 (lib. bdg.)
ISBN-10: 0-8368-8815-4 ISBN-13: 978-0-8368-8815-7 (softcover)

This edition first published in 2008 by
Weekly Reader® Books
An Imprint of Gareth Stevens Publishing
1 Reader's Digest Road
Pleasantville, NY 10570-7000 USA

Senior Managing Editor: Lisa M. Guidone
Senior Editor: Barbara Bakowski
Creative Director: Lisa Donovan
Senior Designer: Keith Plechaty
Production Designer: Amy Ray, *Studio Montage*
Photo Researcher: Diane Laska-Swanke
Spanish Translators: Tatiana Acosta and Guillermo Gutiérrez

Photo Credits: Cover © Ken Lucas/Visuals Unlimited ; pp. 1, 3, 6 © Photodisc; p. 5 © Hermann Brehm/naturepl.com; p. 7 Diane Blasius; p. 8 © Adam Jones/Visuals Unlimited; p. 9 © Joseph T. Collins/Photo Researchers, Inc.; p. 11 © Gerry Ellis/Minden Pictures; p. 12 © Christian Ziegler/Minden Pictures; p. 13 © Dr. Merlin D. Tuttle/Bat Conservation International/Photo Researchers, Inc.; p. 14 © Jose B. Ruiz/naturepl.com; p. 15 © Dietmar Nill/Foto Natura/Minden Pictures; pp. 17, 18 © Fred Bavendam/Minden Pictures; p. 19 © WaterFrame/Alamy; p. 20 © Brandon Cole/Visuals Unlimited; p. 21 © Wolfgang Kaehler

Printed in the United States of America

1 2 3 4 5 6 7 8 9 10 09 08 07

Contenido

Las palabras del glosario se imprimen en letra negrita la primera vez que aparecen en el texto.

Capítulo 1

Cuevas seguras

Quizá pienses que las cuevas son lugares oscuros y tenebrosos, y en eso tienes razón. Quizá pienses que ninguna persona o ningún animal puede vivir en una cueva, y en eso te equivocas.

Las cuevas pueden ser un buen lugar para que una familia viva. En algunos países, muchas personas viven en cuevas.

Muchos animales pasan toda la vida, o parte de ella, en cuevas. En las cuevas se resguardan del mal tiempo y se protegen de los **depredadores**. Los depredadores son animales que cazan a otros animales para comérselos.

A veces, las hembras de puma paren a sus crías y las cuidan en cuevas.

Capítulo 2

Tipos de cuevas

Una cueva es una cavidad del terreno. Las cuevas pueden ser enormes, con largas **galerías** que comunican grandes salas, o pequeños huecos entre las rocas. Hay cuevas en tierra y cuevas en el océano.

Las cuevas en tierra se dividen en tres zonas. La zona de entrada es la parte que se abre al exterior. Los animales que entran y salen de la cueva suelen vivir allí. Escarabajos, serpientes, gusanos y pequeños roedores viven en la entrada.

La mayoría de las cuevas están recubiertas de rocas.

La zona de **penumbra** está justo detrás de la entrada. La penumbra es una zona intermedia entre la luz y la oscuridad. En esta zona, que es fresca y húmeda, penetra poca luz. En la zona de penumbra viven grillos de cueva y escarabajos de cueva.

Los grillos abandonan la cueva con frecuencia para buscar alimento.

La zona de oscuridad está en la parte profunda de la cueva, donde no llega la luz. Allí sólo hay animales que viven en la oscuridad. Algunos no tienen ojos, ya que no hay luz que les permita ver.

Muchos animales que viven en la zona de oscuridad, como esta salamandra ciega de Texas, carecen de color.

Capítulo 3

Cuevas de murciélagos

Los murciélagos pasan la mayor parte del día durmiendo en lugares oscuros y resguardados. Algunos murciélagos viven en graneros o áticos. Otros viven en árboles o se ocultan bajo las hojas.

Muchos grupos grandes de murciélagos viven en cuevas. En una misma cueva pueden vivir varios miles de murciélagos. Los murciélagos se cuelgan cabeza abajo por los pies. Sus garras se aferran al desigual techo de la cueva.

Este murciélago, que cuelga cabeza abajo en una cueva, está a salvo de los depredadores.

Durante el día, los murciélagos grises duermen en la cueva, o se dedican a limpiarse la piel y las alas o a cuidar de sus crías. Por la noche, salen en busca de comida.

En invierno, algunos murciélagos **hibernan**. Entran en un profundo sueño y permanecen inactivos día y noche. Para mantener el calor, se amontonan. ¡Más de setenta y cinco murciélagos grises pueden estar colgados en un área del tamaño de este libro!

En una cueva cuelga un grupo numeroso de murciélagos de la fruta.

Durante parte del verano, las madres pueden vivir en una zona separada dentro de la cueva. Allí paren a las crías.

Los murciélagos son **mamíferos**, que alimentan a sus crías con leche producida en su cuerpo.

Este murciélago gris recién nacido no está aún listo para abandonar la cueva.

La **temperatura** de la cueva influye en el tamaño de las crías de murciélago. Éstas alcanzan un tamaño mayor en cuevas cálidas que en cuevas frías. Cuando las crías tienen unos dos meses de edad, ya están listas para volar por sí solas.

Este murciélago ratonero grande vuela desde su cueva en busca de alimento.

Los murciélagos prefieren cuevas próximas a fuentes de alimento. Muchos murciélagos comen insectos que viven cerca del agua, y buscan cuevas que están junto a arroyos y lagos.

Un murciélago atrapa insectos en el aire durante su vuelo nocturno.

Capítulo 4

Cuevas en tierra y en el mar

Otros animales viven en cuevas en el océano. Algunos peces, cangrejos y **erizos de mar** encuentran huecos en rocas o en **arrecifes coralinos**. Hasta algunos tiburones viven en cuevas del fondo del mar.

Algunos animales marinos viven toda su vida en un pequeño agujero o cueva. Otros la abandonan para buscar alimento. Otros usan las cuevas para esconder sus huevos y protegerlos de los depredadores.

Los pulpos gigantes del Pacífico usan cuevas para resguardar sus huevos. La madre deposita los huevos en hileras que cuelgan del techo de la cueva. Después, recoge rocas y conchas y las pone delante de la entrada. El muro de rocas impide a los depredadores acercarse a los huevos.

Un pulpo hembra protege sus huevos.

La hembra se queda en la cueva con los huevos para protegerlos. Los limpia echándoles agua. Después de seis meses, los huevos **eclosionan**, y de ellos salen unos diminutos pulpos. La madre los impulsa fuera de la cueva, hacia mar abierto.

Cada huevo de pulpo es del tamaño de un grano de arroz.

Los camarones limpiadores también viven en cuevas. Este camarón espera a la entrada de su cueva y mueve las **antenas**. Ese movimiento y las bandas rojas y blancas del camarón atraen la atención de peces que desean ser limpiados. El camarón se alimenta de lo que extrae de la boca del pez.

Un pez no devorará al camarón limpiador aunque éste penetre en su boca.

Las morenas meten su cuerpo largo y estrecho en angostas cuevas submarinas. Durante el día, permanecen escondidas esperando que pase algún pez. Entonces, se abalanzan sobre su **presa** y la atrapan. Por la noche, las morenas abandonan sus cuevas para buscar peces en mar abierto.

Una morena tiene dientes muy afilados para morder a sus presas.

En China, millones de personas viven en cuevas. Lo hacen por las mismas razones que los animales. Las cuevas son cálidas en invierno y frescas en verano. Nos resguardan del mal tiempo. Los padres pueden criar a sus hijos de manera segura en cuevas.

¡Como ves, una cueva puede ser un gran hogar!

En partes de China, la gente hace cuevas excavando en el terreno blando.

Glosario

antenas: dos órganos sensoriales alargados que tienen en la cabeza los insectos y los crustáceos. Los crustáceos son animales acuáticos con caparazón duro.

arrecifes de coral: crestas o montículos formados por los esqueletos de unos diminutos animales marinos llamados pólipos coralinos

depredadores: animales que cazan y devoran a otros animales

eclosión: apertura del huevo

erizos de mar: animales marinos espinosos con forma redondeada

galerías: caminos o corredores por donde pueden pasar personas o animales

hibernar: pasar el invierno en un profundo sueño

mamíferos: animales de sangre caliente que tienen espina dorsal y alimentan a sus crías con leche que producen en su cuerpo

penumbra: una zona intermedia entre la luz y la oscuridad

presa: animal que es cazado y devorado por otro animal

temperatura: medida del calor o el frío de algo

Más información

Páginas web

Biblioteca de referencia Kidport: Hogares de los animales
www.kidport.com/RefLib/Science/AnimalHomes/CaveHomes.htm
Conoce mejor a los animales que viven en cuevas.

Enchanted Learning: Cuevas
www.enchantedlearning.com/biomes/cave/terrestrial.shtml
Conoce las zonas en que se dividen las cuevas, y descubre a los animales que allí viven.

Nota de la editorial a los padres y educadores: Nuestros editores han revisado con cuidado las páginas web para asegurarse de que son apropiadas para niños. Sin embargo, muchas páginas web cambian con frecuencia, y no podemos garantizar que sus contenidos futuros sigan conservando nuestros elevados estándares de calidad y de interés educativo. Tengan en cuenta que los niños deben ser supervisados atentamente siempre que accedan a Internet.

Índice

Información sobre la autora

A Valerie Weber, que ha sido escritora y correctora durante más de veinticinco años, le gusta especialmente trabajar en libros para niños. Los temas de sus libros han sido siempre fascinantes: desde las extrañas maravillas del mar, o la vida de las niñas durante la Segunda Guerra Mundial, a la explicación de cómo se hace una película. Valerie desea expresar su gratitud a su familia, incluyendo a su esposo y sus hijas, y a sus amigos por su apoyo y por escuchar los datos curiosos que ha descubierto durante su trabajo. Por ejemplo, ¿sabían que las ranas usan los globos oculares para empujarse la comida hacia el estómago?